›Ich träume von einer Revolution
ohne Ideologie,
in der das Schicksal
des menschlichen Wesens,
sein Recht zu essen,
zu arbeiten, zu lieben,
das Leben vollkommen
zu leben nicht einem
von welcher Ideologie
auch immer ausgedrückten

und aufgezwungenen Konzept
unterworfen ist.
Ein absurder Traum?
Wir besitzen kein größeres
und unveräußerlicheres Recht,
als das Recht zu träumen.
Das einzige,
das kein Diktator
einschränken oder
abschaffen kann.‹

Februar 1993
D. Kern

KIEPENHEUER

JORGE

AMADO

KINDHEIT IN GRAPIÚNA

MIT EINEM PORTRÄT AMADOS VON ZÉLIA GATTAI

Originaltitel:
O Menino Grapiúna

Das Porträt Amados von Zélia Gattai
wurde der Zeitschrift
›Veja Bahia‹, Nr. 30, Juli 1991,
entnommen

Übertragen
von Kristina Hering

ISBN 3-378-00507-6

Erste Auflage
Gestaltung: Dietmar Kunz
Schrift: Caslon
Gesamtherstellung:
Offizin Andersen Nexö Leipzig GmbH,
Graphischer Großbetrieb
Printed in Germany

Für Zélia, die hörte,
wie Lalu die Abenteuer
des Grapiúna-Jungen erzählte.
Für Alice und Floriano Teixeira
und für Isabela, Alices Enkelin,
Florianos Sekretärin, meine Freundin.
Für Alice und Luiz Carta,
in Erinnerung an die Tage
in Bahia.

Da ich meine Mutter die Szene so oft habe schildern hören, ist sie für mich lebendige Wirklichkeit geworden, als hätte ich das Geschehene selbst im Gedächtnis bewahrt:

Die Stute brach tot zusammen, mein Vater, blutüberströmt, hob mich vom Boden auf. Ich war zehn Monate alt, ich kroch auf allen Vieren auf der Veranda des Hauses umher, als die Dämmerung sich neigte und die ersten Schatten der Nacht sich auf die frischen Kakaopflanzen, über den alten und unwirtlichen Urwald senkten. Mein Vater hatte das Land urbar gemacht und sein Haus jenseits von Ferradas, einer Siedlung des jungen Verwaltungsbezirkes von Itabuna, gebaut. Er hatte Kakao, den Reichtum der Welt, angepflanzt. Zur Zeit der großen Kämpfe.

Der Kampf um den Besitz der Wälder, niemandes Boden, fraß sich in Hinterhalten, politischen Gaunereien, Auseinandersetzungen zwischen Jagunços* im Süden des Staates Bahia weiter; man handelte mit Tieren, mit Waffen und mit menschlichem Leben. Auf der Suche nach Eldorado, wo es Geld in Hülle und Fülle gab, kamen Arbeitskräfte aus der Dürre des oberen Sertão oder aus der Armut und der Arbeitslosigkeit von Sergipe – die ›Gedungenen‹, die sich mit Sense und Hacke und die, die sich im Schießen bewährten. Nach einem hohen Tarif bezahlt, genossen die Jagunços des unfehlbaren Schusses Vergünstigungen. Kreuze steckten die Wege zum Fortschritt ab, dessen man sich rühmte, Leichname düngten die Kakaopflanzungen.

* Jagunço = capanga: Messerheld, der bezahlte Aufträge übernimmt.

Mein Vater schnitt Halme für die Stute, sein bevorzugtes Reittier. Hinter einem Guavenbaum postiert, den Karabiner auf eine Astgabel gestützt (so sehe ich ihn in der deutlichen Erinnerung), wartete der Jagunço den günstigen Moment ab, die Waffe zu entladen. Was hatte den Verurteilten retten können? Eine plötzliche Bewegung, von ihm oder der Stute, denn das Tier erhielt die tödliche Kugel, während sich in Schultern und Rücken des Oberst João Amado de Faria Bleireste festsetzten, die er niemals herausholte. Bis zu seinem Lebensende unter seiner Haut sichtbar, zeigte er sie mit einem gewissen Widerwillen und ein wenig Eitelkeit, um den wiederholten Bericht meiner Mutter zu illustrieren.

Dem Verwundeten gelang es noch, den Sohn hochzuheben und ihn in die Küche zu tragen, wo Dona Eulália das Abendessen vorbereitete. Er gab ihr den mit dem Blut des Vaters überströmten Jungen. Das geschah im fernen Jahr 1913. Ich war im August 1912 geboren worden, eben auf jener Kakaopflanzung, die Auricídia hieß. Als junger Bursche hatte mein Vater die zivilisierte und heruntergekommene Stadt Estância in Sergipe für das Abenteuer verlassen, den Süden von Bahia urbar zu machen, um mit so vielen anderen, die an dieser ungeheuren Saga teilhatten, die Zivilisation des Kakao zu errichten, die Grapiúna-Nation* zu schmieden – wenige Kilometer von Ferradas, in den Grenzen von Ilhéus und Itabuna, erhebt sich heute eine Universität mit Tausenden von Studenten. Aber zu jener Zeit damals schlief meine Mutter mit dem Karabiner unter dem Kopfkissen.

* Grapiúna: Name für Bewohner der Region, in der Kakao angebaut wird – die Region von Ilhéus im Süden des Staates Bahia.

Sollte es wirklich irgendeine Erinnerung geben, die die Netzhaut des Kindes aufbewahrt hat – die Wasser, anschwellend, das Land überschwemmend, die Weiden überziehend, die Tiere mit sich reißend, das verletzte Mysterium des Waldes wiederherstellend – oder geht alles aus gehörten Erzählungen hervor?

Das Hochwasser des Cachoeira-Flusses Anfang 1914 trug Pflanzungen, Haus, Schweinestall, Kuh, Esel und Ziegen mit sich davon. Flüchtend erreichten meine Eltern das Dorf mit den Kleidern, die sie auf dem Leib trugen, das Kind auf den Armen. In Ferradas gab es bereits nichts mehr, wo man so viele Flüchtlinge unterbringen konnte; wir wurden in das Quarantänelager geschickt, gewöhnlich den Aussätzigen und Pockenkranken vorbehalten, in eine Zuflucht für die Opfer des Hochwassers verwandelt. Der Zementboden war mit ein paar Kannen Wasser gescheuert worden, erinnerte sich meine Mutter. Andere Möglichkeiten gab es nicht, weder Medikamente noch Krankenschwestern oder Ärzte – diese Ländereien lagen am Ende der Welt.

Wer weiß, vielleicht verdanke ich dieser schrecklichen Herberge meiner ersten Kindheit die Tatsache, bis heute gegen die Pocken immun geblieben zu sein: Niemals hat irgendeine von den vielen Pockenimpfungen, die man mir im Laufe der Jahre verabreicht hat, eine Wirkung gezeigt. Nicht einmal die erste, eine Neuheit in der Region, 1918, die Haut mit einem Messer eingeritzt. Maria, die kleine Hausangestellte, war so anfällig, daß sie in Pusteln erblühte. Allen, fiebrig, der Arm geschwollen, ging es schlecht. Ich blieb unerschütterlich, kletterte auf den Bäumen herum, lief am Strand entlang. Die Pocken waren ein Teil meines Blutes.

In jener Zeit

dezimierten die schwarzen Pocken die Bevölkerung in der Kakaozone. Die Pocken, die Malaria, das Fieber. Was für ein Fieber? Ich weiß es nicht, man sagte nur das Fieber, um den unerbittlichen Tod zu bezeichnen. War es Typhus? Es bringt sogar die Affen um, behauptete man, um Gewalt und Bösartigkeit jenes verhängnisvollen Fiebers zu charakterisieren: ganz einfach das Fieber.

In der Regenzeit wurde es zur Seuche, es hörte auf, das Fieber zu sein, und wurde die Pest. Sie kam aus der Tiefe der Wälder, in der Spur der Jaracuçu- und Klapperschlangen. Das Fieber hatte sich damit begnügt, eine gewisse Anzahl umzubringen, die Pest hüllte Stadt und Land in Trauer, es gab kein taugliches Mittel.

Auch keine Behandlung, die imstande gewesen wäre, den schwarzen Pocken die Stirn zu bieten. Ansteckend wie kein anderes Übel, wurden ihre Opfer in Quarantänelagern isoliert, weit entfernt von den Ortschaften. Wenn ein Pockenkranker durch ein Wunder geheilt wurde, kehrte er mit Narben im Gesicht und auf den Händen zurück. Makabre Vision aus meiner Kindheit, die mich bis heute schaudern läßt: Die Pockenkranken wurden, in Jutesäcke gesteckt, in das Quarantänelager gebracht, aufgeladen von den wie durch ein Wunder Geheilten, das heißt von denen, die die Pocken gehabt hatten und mit dem Leben davongekommen waren, sie waren gegen Ansteckung immun geworden.

Mit dem Tod Seite an Seite gehend, eingegliedert in die reduzierte Gruppe der Vertrauten, begleitete ich aus der Ferne den Transport eines Schulkameraden, bis der Mann, der ihn trug, mit dem Sack auf dem Rücken auf dem Wege an der Stadtgrenze verschwand. Pocken und Pockennarbige bevölkern meine Bücher, begleiten mich durch das Leben.

Vom Strand von Pontal, von unendlicher Schönheit, reitet der Junge auf einem Wedel grüner Kokospalmen, erhebt sich in die Lüfte, überfliegt den Hafen und die Schiffe, lebt zwischen Wirklichkeit und Phantasie. Auf der Kruppe des improvisierten Reitpferdes nimmt er die Fee, die Prinzessin, den Stern mit, die zerlumpte Nachbarin; in den Augen und im Lachen der Reisebegleiterin lernt er die ersten Begriffe der Liebe. Das Mädchen übt einen mächtigen Zauber auf ihn aus. Kokett und betörend lockt sie, entkommt und kehrt zurück – der Vater ist Schiffer, verbringt den Tag auf dem leichten Boot, während er Leute und Lasten von einer Seite der Bucht zur anderen transportiert, von dem armen Vorort Pontal in die reiche Stadt Ilhéus. Neben den Anlegestellen verwandeln sich die kleinen Boote der Companhia Bahiana in Ozeandampfer, in Piratenschiffe, auf denen sich der Junge ans Ende der Welt begibt, mit dem Schrecken der Meere kämpft und ihn besiegt, die versklavte Prinzessin rettet.

Die Eltern, ruiniert, Land und Kakaopflanzungen verloren, schneiden Leder für Holzpantoffeln zu. Das ärmliche Haus ist zugleich Wohnung und Werkstatt, aber der Junge lebt am Strand, in der Begegnung des Flusses mit dem Meer, den mächtigen Wellen und den stillen Wassern, dem Kokospalmenhain, dem Wind und der Gegenwart des Mädchens, für das sein kleines Herz schlägt. Wie hieß sie? Der Name ist verlorengegangen, in der Erinnerung blieb nur das Bild der Kavalkade, vermischt mit den Geschichten von Feen und Piraten, in den merkwürdigen regionalen Versionen Dona Eulálias. Geblieben sind der verwegene Fuchs und das braune Gesicht, die glatten Haare der Mestizin, des ersten Liebchens. Liebchen ist zu viel gesagt, so jung an Jahren verliebt man sich noch nicht, aber wie nachhaltig liebt man!

Der den Boden urbar gemacht hat, der Kakaopflanzer, schneidet Leder, fertigt Holzpantoffeln, doch sein einziges Ziel ist es, ein bißchen Geld zusammenzusparen, um wieder in die rauhen Wälder zu ziehen, Wege zu ebnen, Kakaoplantagen anzulegen. Kurz wird die Zeit des Strandes und der heftigen Winde, der Kokospalmen und Barken, der Lieder und des Vollmondes sein, fern der kahlen Gräber an den Kreuzwegen, der Schießereien mitten in der Nacht.

Die Rückkehr des Jungen in ein Farmerhaus wird nicht auf sich warten lassen, nicht mehr in Ferradas; jetzt wird es in Tararanga sein, in der Gegend von Sequeiro do Espinho, wo im Schlamm der Pfade, unter den Füßen der Jagunços und den Hufen der mit Kakaosäcken beladenen Eselkarawanen das Dorf geboren wurde, das Pirangi hieß, heute die Stadt Itajuípe. Eine Zeit des Heranwachsens der Städte.

Einige Notizen in Lexika und Enzyklopädien, bestimmte bibliographische Anmerkungen behaupten, ich sei in Pirangi geboren. In Wahrheit war es umgekehrt: Ich sah Pirangi geboren werden und heranwachsen. Als ich zum erstenmal dort vorbeikam, hoch oben auf dem Pferd meines Vaters, auf dem Sattelbogen, existierten nur drei vereinzelte Häuser. Die Bahnstation war weit entfernt, in Sequeiro do Espinho.

Wenig später gab es schon eine lange Straße, an der sich Wohnhäuser mit Lagerschuppen für den Kakao mischten. Die Bar mit den Spielsälen im Hintergrund, die elenden Gäßchen mit den Pensionen, die die Dirnen beherbergten. Abenteurer, aus allen Richtungen gekommen, morgenländische Hausierer, die ihre Koffer mit Waren abstellten, um Läden und Lagerräume einzurichten, ein Missionar mit deutschem Akzent, der versuchte, Leuten ohne Gesetz noch Religion, unmäßig und aufsässig, jedweder Autorität – des Himmels oder der Erde – feindlich gesinnt, die Zehn Gebote Gottes aufzuerlegen.

Allmählich gewann der erbärmliche Marktflecken intensiveres Leben, das Geld rollte leicht und im Überfluß. Schießereien krachten auf der Straße, in den Häusern der Dirnen, in den Spielsälen. Das menschliche Leben war weiterhin wenig wert, eine Münze, mit der man ein Stück Land, das Lächeln einer Frau, einen Einsatz beim Poker bezahlte. Ich wuchs zur gleichen Zeit wie Pirangi heran, ich erlebte die Eröffnung des ersten Ladens, das Auftauchen des ersten motorgetriebenen Fahrzeugs, das Reisende von Sequeiro do Espinho brachte. Dort habe ich die Tapfersten unter den Tapferen gekannt und meine Kinderträume gehabt, von den Dirnen in verwinkelten Gäßchen behütet.

Die wirkliche

und vollkommene Erinnerung bewahre ich von einer anderen Szene, und diese nicht mehr nur vom Hörensagen, sondern weil ich sie in der heißen und erschreckenden Nacht von Tararanga erlebt habe. Als Junge von wieviel Jahren? Fünf, vielleicht ein bißchen mehr, ich weiß es nicht; es ist schwierig, die Zeit der ersten Kindheit einzuschätzen. Noch sehr klein, sicherlich. Aufgewacht durch das Bellen der Hunde, mit dem sich andere Geräusche im Hof und vor dem Haus verbanden, ging ich und spähte hinaus. Wie ich mich auf der Veranda versteckte, um nicht gesehen zu werden, erinnere ich mich nicht.

Dagegen erinnere ich mich absolut deutlich an den aufregenden Anblick: In der Dunkelheit bewegten sich Gestalten, Schatten, hörte man Stimmen, Wiehern von Tieren. Mein Vater, auf seiner schwarzen Mauleselin sitzend – besser als jedes Pferd, behauptete er –, seine Männer auf Eseln, denn auf jenen abscheulichen Landstraßen voll Schlamm, mit Löchern und Abgründen waren Pferde wenig sichere Reittiere. Sie waren nur dienlich für die Aufmärsche der Oberste in den Straßen von Ilhéus und Itabuna, für silberne Geschirre.

An den Sätteln die Flinten. Chef der gedungenen Männer, der rothaarige Argemiro aus Sergipe, der meinem Vater in den Zeiten von Ferradas gedient hatte, in Tararanga wieder mit ihm zusammen, berüchtigt und gefürchtet, den Revolver am Gürtel. Neben Argemiro, von den Pocken gezeichnet, ein Mischling mit lebhaften Augen, Fazendeiro und Politiker, Brasilino José dos Santos, Compadre Brás, die faszinierendste Figur meiner Kindheit. Gevatter und Freund des Oberst João Amado, ließ er ihn in schweren Stunden niemals im Stich. Unmöglich, in der Kakaoregion Tapferkeit und Unerschrockenheit ähnlich der seinen zu finden – so sagte man, und das war die Wahrheit. Ein paar Jahre später sah ich, wie er sich allein einer Gruppe von Banditen entgegenstellte, die von politischen Gegnern geschickt worden waren, um in Pirangi Unruhe zu stiften. Sein bloßes Erscheinen auf der Straße – er verließ den Tisch, an dem wir aßen, nahm den Revolver und ging allein hinaus – genügte, um den Aufruhr zu beenden und die Jagunços in die Flucht zu schlagen. In den großen Kämpfen um die Landnahme war er Basílio de Oliveiras rechte Hand gewesen.

Die bewaffnete Truppe zog ab, gewiß eine kleine Gruppe von Männern, mir schien sie ein Heer. Meine Mutter, mager und gefaßt, sah ihren Mann einmal mehr die Richtung nach Itabuna einschlagen, um mit Freunden und seinen Männern die Wahl eines Neffen zu gewährleisten. Wahlen mit einem Federstrich unter dem wachen Auge der Jagunços. Erst als der Reitertrupp verschwunden war, bemerkte meine Mutter den hinausspähenden Jungen. Sie nahm den Sohn in die Arme und drückte ihn an sich.

Ein den Brüdern ergebenes junges Mädchen, auch diese Kakao-Oberste – mein Onkel Fortunato, eine imponierende Gestalt, hatte einen hohen Preis für seinen Titel und seine Ländereien gezahlt: aus den Kämpfen war er auf einem Auge blind hervorgegangen, an einer Hand hatte er nur zwei Finger –, eine dem Mann ergebene Ehefrau, fleißig und schweigsam, ohne eine Klage, haßte sie diese barbarische Welt, der sie angehörte. Tiere und Männer waren in der Nacht verschwunden. Mit Dona Eulalia blieben auf der Veranda der Junge und der Tod zurück. Der Tod, Gefährte meiner ganzen Kindheit.

Ständige Themen, stehen Liebe und Tod im Mittelpunkt meines ganzen Romanwerkes.

Diese Bemerkung Ilja Ehrenburgs im Vorwort der russischen Übersetzung von ›Kakao‹, von anderen Kritikern wieder aufgenommen, findet ihre Daseinsberechtigung, ihre Wurzeln in dieser ersten Kindheit des gewaltsam genommenen Bodens, der Männer unter Waffen in einer rauhen Welt mit Epidemien, Seuchen, Schlangen, Blut und Kreuzen an den Wegen und gleichzeitig mit Meer und Brise, mit Strand und Liedern, Mädchen von süßem Zauber. Zwischen Pontal und Pirangi ahnte ich die Liebe und verkehrte mit dem Tod. Das Leben des Jungen war intensiv und begierig.

Argemiro setzte den Jungen vorn auf den Sattel und nahm ihn an Markttagen mit nach Pirangi: ein Fest, eine Faszination. Zwischen Bohnen- und Mehlsäcken, Schichten mit Dörrfleisch, Brotfrüchten, Kürbissen, Bananenstauden, Inhame- und Maniokwurzeln, inmitten des Volkes, Männer und Frauen, die Farbe und Geruch der Erde hatten, lernte der Junge, ohne sich dessen bewußt zu sein. Nichts liebte er so sehr wie diese Ausflüge nach Pirangi in Gesellschaft von Landarbeitern und Jagunços: Sie erweiterten sein Universum und verhinderten, daß sich in seinem Geist irgendeine Art von Vorurteil entwikkelte.

Wen bewunderte er mehr als Argemiro mit seinem verwegenen Ruf, oder Honório, einen schwarzen Riesen, den man in meinen Büchern, von ›Cacau‹ an immer wieder findet? Vor Honório zitterten alle. Man erzählte, daß er schon wer weiß wieviele erledigt hatte, ich kann versichern, daß er von grenzenloser

Güte, von einer Freundlichkeit ohnegleichen war.

Der Junge mußte ein paar Jahre warten, bis er die Spielsäle im Hintergrund der Bars kennenlernte und besuchte, wo die Oberste und die arabischen Händler Geld und Leben in Pokerpartien riskierten – noch hatte er nicht das Alter, um das Kartenspiel zu studieren und zu lernen, wie man blufft. Aber die Häuser der Dirnen, die waren ihm seit der Kindheit vertraut, denn Argemiro (und auch Honório) verließ Pirangi nicht, ohne vorher in Gesellschaft der Mädchen in den verlorenen Gäßchen zu verweilen.

Während der Junge wartete, ging er von Hand zu Hand, von Zärtlichkeit zu Zärtlichkeit, von Liebkosung zu Liebkosung, von Mädchen zu Mädchen, eine mütterlicher als die andere. Ich erinnere mich an Laura, an ihre langen Haare, an ihr bleiches Gesicht – sie wußte Geschichten von Werwölfen und sang Wiegenlieder.

»Sag Dona Eulália oder dem Oberst nicht, daß wir hier gewesen sind...« – riet Argemiro, flehte Honório. Wenn die Eltern es erführen, würde die Welt untergehen.

Warum es erzählen, wenn dieses Geheimnis unter Männern der Stolz des Jungen war? Er konnte es weder verraten noch das Risiko eingehen, die rührende Zärtlichkeit, die reine Liebkosung der Frauen zu verlieren, allzu kostbare Güter.

In meiner Kindheit und Jugend waren die Häuser der Lebedamen in Siedlungen und Dörfern, in kleinen Städten, an den Hängen von Bahia gleichbedeutend mit Wärme, freundlicher Zuflucht und Fröhlichkeit. In gewisser Weise bin ich da aufgewachsen und erzogen worden, war es ein wesentlicher Teil meiner Universitäten.

Sie hatten nichts von Bordellen, dieses plumpe und schmutzige Wort taugt nicht, um ihre so vertraulichen und schlichten Räume zu bezeichnen, wo ich die äußersten Grenzen des Elends und der menschlichen Größe erlebt habe.

Auf der Pflanzung, zur Stunde des Bades, untersuchte Marocas, eine frömmelnde und frustrierte alte Jungfer, gierig das Geschlecht des Jungen, näherte ihm seufzend ihr Gesicht – sie fingerte als erste an ihm herum. In den Häusern der Mädchen, wenn Argemiro oder Honório den Jungen der Sorgfalt der Frauen überließ, hatte keine von ihnen jemals eine Geste oder eine Sehnsucht, die nicht rein und mütterlich gewesen wäre.

Verlorene Frauen, so wurden sie genannt, Ausschuß der Menschheit. Für mich waren sie anfangs mütterlich, dann schwesterliche Freundinnen, scheue und feurige Liebchen.

Sie wiegten meine Träume, beschützten meine rebellische Hoffnung, gaben mir das Maß des Widerstandes gegen den Schmerz und die Einsamkeit, nährten mich mit Poesie. Aller Rechte beraubt, von jeder Gesellschaft verabscheut, verfolgt, betrogen, erniedrigt, besaßen sie ungeheure Reserven an Zärtlichkeit, eine unermeßliche Fähigkeit zur Liebe.

Was anderes bin ich gewesen als ein Schriftsteller der Dirnen und Vagabunden? Wenn es ein wenig Schönheit gibt in dem, was ich geschrieben habe, so rührt sie von diesen Enteigneten, diesen mit dem glühenden Eisen gezeichneten Frauen her, jenen, die am Rande des Todes, auf der letzten Stufe der Verlassenheit existieren. In der Literatur und im Leben fühle ich mich den Führern und Helden immer ferner, jenen näher, die alle Regierungen und alle Gesellschaften verachten, verstoßen und verurteilen.

Führer und Helden sind leer, töricht, despotisch, hassenswert und böse. Sie lügen, wenn sie sich als Vermittler des Volkes bezeichnen und behaupten, in seinem Namen zu sprechen, denn die Fahne, die sie ergreifen, ist die des Todes; um zu bestehen, brauchen sie Unterdrückung und Gewalt. Welche Position auch immer sie einnehmen, in gleich welchem Regierungssystem oder Gesellschaftstyp, Führer und Held werden Gehorsam und Verehrung fordern. Sie können Freiheit, Kreativität und Traum nicht ertragen, sie empfinden Entsetzen vor dem Individuum, stellen sich über das Volk; die Welt, die sie bauen, ist häßlich und traurig. So ist es immer gewesen, wer ist imstande zu unterscheiden zwischen dem Helden und dem Mörder, zwischen dem Führer und dem Tyrannen?

Der Humanismus geht von jenen aus, die kein Charisma besitzen und kein Stück der Macht in ihren Händen halten. Wenn wir an Pasteur und Chaplin denken, wie sollten wir Napoleon bewundern und schätzen?

Bei den Vagabunden dauerte es noch, bis sie Teil meines Universums, meines Alltags wurden. Den Umgang mit ihnen begann ich, als ich mit dreizehn Jahren aus dem Internat floh und den Sertão durchquerte, um nach Sergipe, in das Haus meines Großvaters, zu gelangen. Später, in meiner Jugend in Freiheit, in der Stadt Salvador da Bahia de Todos os Santos, war ich mit so vielen von ihnen befreundet. Freund der Vagabunden, der Bootsmänner auf den Leichtern, der fliegenden Händler, der Capoeirakämpfer*, des Volkes auf den Märkten und bei den Candomblés**. Mehr als das, ich war einer von ihnen.

In der Grapiúna-Region gab es keinen

* Capoeira: dem Ringkampf ähnliches Spiel mit charakteristischen schnellen Bewegungen.
** Candomblé: jedes größere Jahresfest der afrobrasilianischen Negerkultur.

Platz für Vagabunden, die Arbeit war hart, der Kampf ohne Pause. Ich kannte und verkehrte mit Abenteurern jeden Ranges: Sie kamen in der Spur des Kakaos, auf der Suche nach dem leichten Geld, trugen die unterschiedlichsten Titel, in der Hoffnung, die naiven Oberste einzuwickeln. Aber so naiv waren die Kakao-Oberste nicht, sie handhabten die Pokerkarten mit der gleichen Sicherheit wie sie mit Revolvern und Pistolen umgingen. Verschiedene von ihnen ließen ihr Leben in den Kabaretts von Ilhéus und Itabuna, in den Spielhäusern von Água Preta und Pirangi. Andere paßten sich den Sitten der Region an, die Füße am Kakaohonig festgeklebt, rodeten sie den Wald und legten Pflanzungen an.

Zwischen Jagunços, Abenteurern, Spielern wuchs der Junge heran und lernte. Er lernte lesen, bevor er zur Schule ging, auf den Seiten der Zeitung ›A Tarde‹, in den Jahren von Pontal. Er lernte die Pokerregeln, während er hinter seinem Onkel Álvaro Amado im Hotel Coelho saß, die Partien, die Gebote verfolgte, das Spiel jedes Teilnehmers erriet. Die übrigen betrügen, gehörte zu den Regeln beim Pokern und den Gewohnheiten der Gegend. Es gab den Dreiersatz Itabuna, ein Pärchen und ein Ass oder ein König; den Dreiersatz

Pirangi, gebildet aus drei aufeinanderfolgenden Karten der gleichen Farbe. Aber es war schwierig, auf die Spielmarke zu gewinnen, bei der Kühnheit der Einsätze, angesichts der Oberste mit reichlich Geld; einen Bluff durchzubringen, forderte Geschick und Folgerichtigkeit. Für meinen Onkel Álvaro gab es keine größere Freude als zu gewinnen, ohne ein Spiel zu haben, die Mitspieler zu überrumpeln, ein seltenes, aber aufregendes Ereignis. Ich habe ganze Nachmittage damit verbracht, beim Pokern zu kiebitzen – bis heute kann ich mir nicht erklären, warum jene rauhen Herren den neugierigen und unruhigen Jungen, der das Spiel interessiert verfolgte, nicht hinausschickten. Onkel Álvaro streichelte mir über den Kopf, zwinkerte mir zu.

Die Romanfiguren resultieren aus der Summe der Gestalten, die den Autor geprägt haben, ein Teil seiner Lebenserfahrung sind. So auch die Kakao-Oberste in den Büchern, in denen ich die Grapiúna-Region behandle, in denen ich versucht habe, die Saga der Landeroberung und die Etappen des Aufbaus einer eigenen Kultur nachzuvollziehen. Ich glaube, in all diesen Obersten steckt ein bißchen von meinem Onkel Álvaro Amado. Eine verführerische Persönlichkeit, nahm er mich immer unter seinen Schutz, behandelte er mich als Freund, manchmal als Komplize.

Als jüngerer Bruder meines Vaters folgte Onkel Álvaro seinem Beispiel, noch als junger Mann kam er von Sergipe, um einer aus der Grapiúna-Region zu werden. Pflanzer, Händler, ließ er sich die verschiedensten Geschäfte einfallen, war stets heiter und fröhlich. Von all seinen zahllosen Beschäftigungen war das Spiel die beständigste und bevorzugte, er konnte Tage und Nächte mit den Karten in der Hand verbringen, das Glück umwerbend, den richtigen Augenblick für den großen Wurf erhoffend. Ich war sein fanatischer Bewunderer.

Einer der angenehmsten Männer, die ich gekannt habe, unvereinbar mit der Traurigkeit; wohin er kam, verbreitete er Stimmung und Fest. Er hatte sonderbare Gewohnheiten und eine eigene Moral, die sich auf der Grundlage der Erfordernisse des Lebens in einer so unwirtlichen Gegend aufbaute: auf einen Schurken anderthalben, das war seine Devise, in alle vier Winde verkündet. Das Geld leicht verdienend, gab er es noch leichter aus, lebte fast immer in Bedrängnis, doch er blieb großzügig, auch wenn es mitunter auf Kosten dritter war.

Er rühmte sich, Glück im Spiel zu haben, war stolz darauf, mindestens einmal pro Woche in der Lotterie zu gewinnen. Aber er war der Meinung, daß man dem Glück nachhelfen müsse und versuchte, ihm nachzuhelfen. Niemals habe ich von jemandem gehört, der so viel Geld auf der Straße gefunden hat, er ging, die Augen auf den Boden gerichtet. Eine seiner Gewohnheiten bestand darin, bei Gesellschaften und Festen in der langen Regenzeit zu erscheinen, wobei er immer einen alten Regenschirm mitbrachte, den er am Eingang des Hauses neben den anderen abstellte. Wenn er ging, nahm er den besten und neuesten mit.

Die Geschichten seiner Schlauheiten – Schlauheit war der Ausdruck, den Dona Eulália gebrauchte, um die nicht immer mustergültigen Aktivitäten des Schwagers zu bezeichnen – entzückten mich. Es kam vor, daß ich an einigen von ihnen teilhatte, und das erfüllte mich mit Stolz.

Eine der Geschichten Onkel Álvaros ist mir in Erinnerung geblieben, denn ich habe an ihrem Erfolg mitgearbeitet. Eines Tages, wer weiß, werde ich sie vielleicht für eine Erzählung nutzen – obwohl ich nicht glaube, daß die Gestalt meines Onkels auf die begrenzten Seiten einer kurzen Erzählung paßt, sie fordert einen Roman.

Es geschah, als ich etwa sechs oder sieben Jahre alt war. Wir waren nach Ilhéus gezogen. In unserem Haus, gut gelegen, neben dem Hotel Coelho, in der Nähe des Hauptplatzes der Stadt, richtete Onkel Álvaro trotz der Proteste meines Vaters einen blühenden Handel mit wunderwirkendem Wasser ein, aus Segipe importiert.

Ein wunderwirkendes Wasser, kurz zuvor in einer kleinen Stadt des Nachbarstaates entdeckt, auf einem Gelände in der Nähe der

Kapelle Nossa Senhora do Ó, einer Heiligen, die verantwortlich war für die übernatürlichen Eigenschaften der Flüssigkeit, die reichlich aus einer verborgenen Quelle im Inneren einer Grotte hervorsprudelte. Um die Gebete der Mutter eines kranken Kindes zu erhören, hatte Nossa Senhora do Ó die Quelle gesegnet und ihre Existenz der bekümmerten Frommen enthüllt – erklärte der Besitzer des Geländes, der Grotte und der Quelle. Das Kind trank von dem Wasser, wurde geheilt. Das Wunder sprach sich herum. Es blieb nicht das einzige, andere folgten, die Grotte wurde zum Wallfahrtsort, und das Glas Wasser wurde nun zu hundert Reis verkauft.

Die Nachricht, angefüllt mit wahrheitsgetreuen Berichten, gelangte rasch in die Kakaoregion, die zum großen Teil von Leuten aus Sergipe bevölkert war. Gleich zogen einige Kranke auf der Suche nach Heilung aus. Lebendiger Beweis der duch Nossa Senhora do Ó der wunderwirkenden Quelle verliehenen Kräfte, kehrten sie frei von quälenden Schmerzen, von chronischen Krankheiten, einige als unheilbar betrachtet, zurück. Es hatte genügt, daß sie einige Tage lang von jenem Wasser getrunken und einige Ave-Marias gebetet hatten. Der Strom der Wallfahrer wuchs an. Unter ihnen mein Onkel Álvaro, plötzlich von heftigem Rheumatismus befallen, unerträglich. Er nutzte die Reise, um meinen Großvater in Itaporanga zu besuchen.

Er kehrte vollkommen vom Rheumatismus geheilt und begeistert von den medizinischen Kräften des so berühmten Wassers zurück: Es gab keine Krankheit, welcher Art auch immer, die imstande wäre, einigen Gläsern der von Nossa Senhora gesegneten Flüssigkeit zu widerstehen. Ein barmherziger Samariter, begnügte sich Onkel Álvaro nicht damit, der Heiligen zu danken und Kerzen in ihrer Kapelle anzuzünden. Von dem Wunsch beseelt, das Wunder auf jene Kranken auszudehnen, die keine Möglichkeiten hatten, bis Sergipe zu reisen, verließ er im Hafen von Ilhéus das Schiff der Bahiana mit zwei Petroleumkanistern voll des wunderwirkenden Wassers in seinem Gepäck, direkt an der göttlichen Quelle entnommen, außerdem eine kleine Reproduktion des Bildes von Nossa Senhora do Ó – neben der Grotte war ein lebhafter Handel mit religiösen Dingen entstanden. Onkel Álvaro verkündete den Verkauf, zu einem einladenden Preis, von Flaschen des unschätzbaren Produktes der göttlichen Barmherzigkeit. Er war nicht auf Gewinn aus, sondern darauf, seinem Nächsten zu helfen, indem er das Wunder, dessen Nutznießer er gewesen war, auf die übrigen ausdehnte.

Oberst João Amado versuchte, den heiligen Handel zu verhindern, verabreichte dem Bruder eine moralische Lektion, doch wer konnte der Zungenfertigkeit und den Argumenten Onkel Álvaros widerstehen? Seiner Meinung nach würden die übernatürlichen Kräfte so lange fortdauern, wie man nicht wartete, bis die Kanister vollkommen leer waren, um sie nachzufüllen, sondern wenn man es tat, solange sie noch halb voll waren. So bliebe immer ein Teil des wundertätigen Wassers, das in der Mischung weiterwirkte und ihr die von der Jungfrau gewährten Gaben erhielt. Ohne die Ave-Marias zu vergessen, selbstverständlich.

Ich war sein Mitarbeiter bei der einträglichen Aktivität: Die Petroleumkanister in Sicht, zwischen ihnen das kleine Bild von Nossa Senhora do Ó, Garantie für die Echtheit, füllte ich die Flaschen, die anfangs von schlangestehenden Kranken umkämpft waren.

Das aus Sergipe gebrachte Wasser, entsprechend den unerbittlichen Erfordernissen von Onkel Álvaro vermehrt, reichte über einen

Monat, ohne seine wundertätige Wirkung zu verlieren. Als die Kundschaft in Ilhéus ausging, nahm mein Onkel die beiden vollen Kanister mit nach Itabuna, wo Kranke sehnsüchtig nach dem fabelhaften Produkt riefen.

Onkel Álvaro antwortete auf die Kritiken des Bruders und der Schwägerin, indem er die durch das Wasser, das er und ich verkauften, verwirklichten Wunder aufzählte, erstaunliche Heilungen. Erstaunlich und wirklich, in unser Haus kamen Leute, um Onkel Álvaro für die Nächstenliebe zu danken. Danken Sie Nossa Senhore do Ó, antwortete er bescheiden. Ich denke, daß er sich im Grunde als einen Wohltäter sah.

In der Sache beschäftigt mich etwas bis heute: Das Wasser, mit dem die beiden Kanister gefüllt waren, als Onkel Álvaro den Dampfer der Bahiana verließ, stammte es wirklich aus Sergipe oder war es vom Schiff? In Wahrheit, was macht es? Ob es von der fernen Quelle, vom Schiff oder vom Wasserhahn in unserer Küche war, es wirkte Wunder. Es heilte viele Leute, brachte mir ein paar Cruzados ein – ein Cruzado war eine große Münze, vierhundert Reis –, mein Onkel entlohnte seine Gehilfen gut.

Als ich aus der Jesuitenschule floh, war es

Onkel Álvaro, der nach Sergipe reiste, um mich zu holen. Ich war darauf gefaßt, daß die Welt über mir zusammenbrach. Von Onkel Álvaro hörte ich weder Kritiken noch Anklagen. In seinem Lächeln schien ich Solidarität und Beifall zu finden.

Anfangs wurden die Wohnungen der Fazendeiros auf den Pflanzungen wegen der ungeheuren Mengen an Schlangen aller Arten, eine giftiger als die andere, im allgemeinen über den Schweineställen oder in ihrer Nähe gebaut. Die Fettschicht, die die Schweine umgibt, verhinderte die tödliche Wirkung der Schlangen, und sie kauten und fraßen sie. Dafür gab es Leute, die Boas züchteten, weil sie im Kampf gegen die Mäuse wirkungsvoller waren als Katzen.

Mit der Vergrößerung der Pflanzungen, dem Anwachsen des Reichtums, verwandelten sich die schlecht gebauten bescheidenen Häuser in Herrenhäuser ähnlich den Zuckersiedereien im Recôncavo, den großen Besitzungen im Sertão, trugen Bequemlichkeit und Luxus zur Schau. Sie erhoben sich, von Veranden umgeben, inmitten eines sauberen und gepflegten Geländes. Überfluß an Haustieren, Hunde und Katzen in Mengen.

Auf den Höfen nahm die Geflügelzucht zu: Hühner, Truthühner, Enten, Perlhühner. Manchmal gezähmte Vögel aus dem Wald. Meine Mutter zog Jacus und Mutums zwischen den Hühnern auf. Ziegen und Hammel, Milchkühe. Einige Pflanzungen prunkten mit Obstgärten, hinter dem Herrenhaus angelegt: Apfelsinen, Mandarinen, Zitronen, Carambolas, Ananas, Graviolas, Jambos, Pitangas, Mangos, Cajus. Brotbäume, Sapotibäume, Umbu- und Cajapflanzen gehörten zum Urwald – die Jaca war die wichtigste Frucht, eine Köstlichkeit für die Familie, eine gute Ration für Kühe und Esel.

Der Luxus wuchs mit der Macht und der Eitelkeit der Oberste, einer wollte mehr Reichtum zur Schau stellen als der andere. Ich sah Flügel auf den Fazendas in der Nachbarschaft – wie hatten sie es angestellt, sie bis in jene entfernte Gegend zu transportieren? Mein Vater hatte sich mit der Anschaffung eines Grammophons zufriedengegeben, ein Instrument, das die Landarbeiter verblüffte.

Vor dem Herrenhaus auf der Fazenda von José Nique erblühte ein Garten mit Rosen und Nelken, vollendete Übertreibung. José

Nique war außergewöhnlich vornehm, in seiner Kleidung und in seinen Manieren. Pechschwarzer Neger, verwegen beim Urbarmachen des Landes, kleidete er sich mit größter Sorgfalt – eine andere wichtige Gestalt meiner Kindheit.

Mehr als alles andere entzückten mich, blendeten meine Augen die französischen Gravuren, die ein arabischer Hausierer über die Weite der Kakaopflanzungen verbreitete. Sie gaben europäische Landschaften wider, ein zivilisiertes Land mit Schlössern und Mühlen, mit Wiesen und Blumen, Schäfern und Schäferinnen; das Gegenteil der ursprünglichen Ländereien mit Schlangen und Fieber, eben erst erobert, um Kakao anzupflanzen. Für eine Gänsehüterin faßte ich eine unheilbare Leidenschaft. Ich sehe sie noch immer in der bläulichen Luft des Bildes, wie sie mit ihrem Hirtenstab dasteht, die Haare gelöst, den Blick in die Ferne verloren.

Die Soldaten

der Militärpolizei gingen in Ilhéus an Land, unter dem Kommando eines Oberst, dessen Beglaubigungsschreiben Gewalt und Grausamkeit waren, mit denen er den Sertão ›befriedet‹ hatte. Er kam mit dem ausdrücklichen Befehl, mit dem Cangaço* in der Kakaozone Schluß zu machen. In Wahrheit verbargen sich hinter dem plötzlichen erzieherischen Entschluß der Regierung des Staates politische Gründe. Der Oberst und seine Soldaten beabsichtigten nicht, Gefangene zu machen. Die Informationen über das Vorgehen der Brigade ließen keine Zweifel bezüglich der Handlungsweise des Oberst. Es nützte nichts, sich zu ergeben, sich zu unterwerfen: Die summarische Justiz befahl das Urteil zur Stunde.

Unter den Feinden, auf die er es am meisten abgesehen hatte, war José Nique, gefürchteter Karabiner im Dienste der Opposition. Seine Ländereien grenzten an die meines Vaters. Die Soldaten der Briosa** umzingelten die Domänen des stolzen und respektlosen Schwarzen.

In Anbetracht der Gespräche, der Kommen-

* Cangaço: im Landesinneren organisiertes Banditenwesen, das der Gerechtigkeit eigenmächtig zum Sieg verhelfen wollte.
** Briosa: frühere Bürgerwehr.

tare im Herrenhaus und in den Häusern der Landarbeiter erfuhr der Junge von dem, was seinen Freund José Nique bedrohte. Er hatte den Nachbarn gern, dessen umfangreiche Chronik als Anführer von tödlichen Überfällen nichts daran änderte, daß er bei der Rückkehr von seinen Reisen nach Bahia und Rio (er fuhr mindestens einmal im Jahr in die Hauptstadt des Landes, um seine Garderobe aufzufüllen) ihm ein teures, fremdes Spielzeug mitbrachte. Der Junge durchlebte Tage voller Unruhe, lauschte, um Neuigkeiten zu erfahren. Die Arbeiter wetteten: Würde es José Nique gelingen, mit dem Leben davonzukommen?

Er erfuhr von dem Zusammenstoß auf einem Weg nahe am Wald, zwischen dem Kommandanten der Militärpolizei und dem Anführer der Jagunços. »Jetzt hab ich dich!« schrie der Militär José Nique zu, während er gleichzeitig die Waffe abdrückte, schoß, um zu töten. In der Verwirrung verschwand José Nique in den Wald, hinter sich eine Blutspur zurücklassend. Man sagte, er sei von drei Kugeln getroffen worden, verloren. Die Umzingelung zog sich um den Wald zusammen, die Flucht zu verhindern. Argemiro nahm den Jungen mit, die Soldaten der Briosa anzuschauen. Den Jagunços ähnlich, der einzige Unterschied war die Uniform.

Die Tage vergingen, José Nique blieb im Wald verborgen. Wenn die Aasgeier im Sturzflug herunterkommen, werden wir wissen, daß der Bandit gestorben ist, und wir werden gehen, seine Überreste zu suchen. Es wird leicht sein, sie zu lokalisieren: Wo die Aasgeier sind, wird man sie finden, sagten die Offiziere, indem sie die Drohungen des Kommandanten wiederholten. Der Junge fühlte einen Druck auf dem Herzen, doch er verlor die Hoffnung nicht: José Nique hatte, wie Honório meinte, einen Pakt mit dem Teufel, sein Körper war unverwundbar.

Mitten in der Nacht erwachte der Junge vom Klopfen an der Eingangstür. José Nique, die Sachen zerrissen, verdreckt, ausgehungert, durstig, schien eher ein Gespenst: Er hatte zwei Kugeln in einen Arm bekommen, die dritte hatte ihm das Gesicht zerrissen, das geschwollen, eitrig, schrecklich anzusehen war. Doch er lächelte dem Jungen zu, der ihm das Glas Wasser holte, während Dona Eulália Watte, Jod, ›Wunderheilmittel‹ und saubere Tücher brachte. Das Holz im Herd wurde angezündet, um Essen zu wärmen.

Nachdem er Hunger und Durst gestillt

hatte, den Arm in einer improvisierten Binde, das Gesicht gewaschen, schlug José Nique ein Reittier und die Begleitung Argemiros und Honórios aus, die für den Nachbarn bereitstanden. Zu Fuß und allein wäre es leichter, zu entkommen. Er bedankte sich und schlug eine unbekannte Richtung ein. Die Soldaten umzingelten weiterhin den Wald in der Hoffnung, daß die Aasgeier im Sturzflug herunterkämen. Sie wurden es müde zu warten.

Ungefähr einen Monat später kamen Neuigkeiten von José Nique: Er war in Rio de Janeiro. Nachdem es ihm gelungen war, Ilhéus zu erreichen, war er nach dem Süden gereist, auf einem Schiff der Costeira versteckt. Der Schiffsarzt hatte ihn versorgt. Die Nachricht gab Anlaß zu Musik auf Harmonika und Bratsche, zu Tanz und zu reichlichem Verbrauch an Cachaça* im Viertel der Landarbeiter. Ein fröhlicher Tag, ein Feiertag.

* Cachaça: Zuckerrohrschnaps.

Für den Grapiúna-Jungen – herausgerissen aus der Freiheit der Straßen und der Felder, der Pflanzungen und der Tiere, der Kokospalmen und der eben erst entstandenen Siedlungen – war das Internat der Jesuitenschule die Einkerkerung, der Versuch, ihn zu bändigen, ihn zu unterwerfen, ihn zu zwingen, mit dem Kopf der anderen zu denken. Die Absicht des Vaters war nur, ihn in der besten Schule, in der mit dem größten Ruf, ausbilden zu lassen.

Er war sich nicht im klaren, wie sehr er dem Sohn Gewalt antat.

Dieses gleiche Gefühl des Erstickens, der Beschränkung hatte ich noch mehr als einmal im Laufe meines Lebens. In dem Wunsch, edlen und gerechten Sachen zu dienen, passierte es mir, daß ich Verpflichtungen übernahm und Aufgaben ausführte, die mir mißfielen – zum Beispiel war ich zwei Jahre lang Bundesabgeordneter, obwohl ich weder eine parlamentarische Berufung noch Gefallen an dem Amt hatte. In der gleichen Art, aus ähnlichen Motiven, akzeptierte ich bei gewissen Gelegenheiten Meinungen, Regeln und Thesen und wiederholte sie, die nicht meine eigenen waren, ich dachte mit dem Kopf der anderen.

In der Jesuitenschule, geführt von der ketzerischen Hand des Padre Cabral, fand ich in ›Gullivers Reisen‹ die Wege der Freiheit, die Bücher öffneten mir die Tore des Gefängnisses. Die Ketzerei Padre Cabrals war äußerst begrenzt, sie hatte nichts zu tun mit den Dogmen der Religion. Ketzerisch war er nur in dem, was sich auf die Unterrichtsmethoden der portugiesischen Sprache bezog, die zu jener Zeit gebräuchlich waren, immerhin offenbarte sich diese kleine Rebellion als positiv und schöpferisch. Die Ketzerei ist stets wirksam und konstruktiv, sie öffnet neue Wege. Die Orthodoxie macht alt und verdirbt Ideen und Menschen.

Die lange und harte Erfahrung lehrte mich im Laufe der Jahre die Wichtigkeit, mit dem eigenen Kopf zu denken. Um durch meinen eigenen Kopf zu denken und zu handeln, zahle ich einen sehr hohen Preis, Zielscheibe, die ich bin, des Patrouillierens aller Ideologien, aller orthodoxen Radikalismen. Ein sehr hoher Preis, trotzdem billig.

Sind nicht vielleicht die Ideologien das Unglück unserer Zeit? Das schöpferische Denken überschwemmt, ertränkt in Theorien, in dogmatischen Begriffen, der menschliche Fortschritt durch unwandelbare Regeln gefesselt?

Ich träume von einer Revolution ohne Ideologie, in der das Schicksal des menschlichen Wesens, sein Recht zu essen, zu arbeiten, zu lieben, das Leben vollkommen zu leben nicht einem von welcher Ideologie auch immer ausgedrückten und aufgezwungenen Konzept unterworfen ist. Ein absurder Traum? Wir besitzen kein größeres und unveräußerlicheres Recht als das Recht zu träumen. Das einzige, das kein Diktator einschränken oder abschaffen kann.

Aus den engen Grenzen des Internats wurde ich durch das Meer gerettet – das Meer von Ilhéus, den Strand von Pontal, die sanften Gezeiten und den Sturm. Bewunderter Prediger, war Padre Luiz Gonzaga Cabral der große Stern der Jesuitenschule; die ganze bahianische Gesellschaft kam, um seine sonntägliche Predigt zu hören. Er glänzte auch im Portugiesischen Literarischen Lyzeum bei den Feiern portugiesischer Gedenktage. Als unser Portugieschlehrer, Padre Faria, krank geworden war, vertrat er ihn. Seine Unterrichtsmethoden hatten nichts Orthodoxes.

Statt uns die ›Lusiaden‹* analysieren zu lassen in dem Versuch, das verborgene Thema

* ›Lusiaden‹: berühmtes episches Gedicht (1572), in dem Luis de Camões die portugiesischen Eroberungen in Asien im Gewande antiker Mythologie als Großtat Portugals darstellt.

zu entdecken und die Sätze zu zerlegen, das Gedicht auf einen komplizierten Text für grammatische Fragen zu reduzieren und uns Camões hassen zu lassen, deklamierte Padre Cabral zu seinem Ergötzen und unserem Entzücken für die Schüler Episoden aus dem Epos. Trotz des Akzents aus Übersee ergriff uns die Kraft des Verses und durchdrang uns. Gleichermaßen las er uns die Prosa von Garrett, die von Herculano, Szenen aus ›Frei Luiz de Souza‹, Abschnitte aus ›Legenden und Erzählungen‹. Patriot, wünschte er zweifellos, uns die Größe Portugals bewußt zu machen, des Portugals der Entdeckungen und der Klassiker. Er erreichte weit mehr als das: Er weckte unser Empfindungsvermögen, führte uns aus dem Schacht der portugiesischen Grammatik (deren strenge Regeln nichts zu tun hatten mit der vom brasilianischen Volk gesprochenen Sprache) in den Zauber der Literatur, der lebendigen und kraftvollen Worte. Die Portugiesischstunden erhielten eine andere Dimension.

Die erste Aufgabe bei dem neuen Portugieslehrer war eine Beschreibung, die das Meer zum Thema hatte. Die ganze Klasse ließ sich inspirieren von den aufgewühlten Meeren des Camões, jenen, die niemals zuvor befahren worden waren, die Episode von Adamastor wurde von den Kindern noch einmal geschrieben. Gefangener im Internat, lebte ich in der Sehnsucht der Strände von Pontal, wo ich die Freiheit und den Traum gekannt hatte. Das Meer von Ilhéus war das Thema meiner Beschreibung.

Padre Cabral hatte die Arbeiten mitgenommen, um sie in seiner Zelle zu korrigieren. In der folgenden Stunde verkündete er zwischen Lächeln und Feierlichkeit die Existenz einer echten Schriftstellerbegabung in diesem Klassenzimmer. Er bat uns, aufmerksam die Arbeit zu hören, die er uns vorlesen würde. Er sei gewiß, behauptete er, daß der Autor dieser Seite in der Zukunft ein bekannter Schriftsteller sein würde. Er geizte nicht mit Lob. Ich war gerade elf Jahre alt geworden.

Ich wurde eine Persönlichkeit, im Sinne der Regeln der Jesuitenschule, neben den Fußballern, den Assen in Mathematik und Religion, denen, die Medaillen bekamen. Ich wurde in eine Art Literarischen Zirkel aufgenommen, in dem ältere Schüler glänzten. Nicht einmal so hörte ich auf, mich als Gefangener zu empfinden, ein ständiges Gefühl während der beiden Jahre, in denen ich in der Jesuitenschule lernte.

Es gab jedoch eine spürbare Veränderung im eingeschränkten Leben des Internatsschülers: Padre Cabral nahm mich unter seinen Schutz und gab mir Bücher aus seinem Regal in die Hände. Zuerst ›Gullivers Reisen‹, dann portugiesische Klassiker, Übersetzungen englischer und französischer Schriftsteller. Aus dieser Zeit stammt meine Leidenschaft für Charles Dickens. Sie dauerte noch, bis ich Mark Twain kennenlernte, der Nordamerikaner stand nicht zwischen den Lieblingen Padre Cabrals.

Ich erinnere mich mit Verehrung an die Gestalt des gelehrten und freundlichen portugiesischen Jesuiten. Weniger, weil er mich als Schriftsteller ankündigte, vor allem, weil er in mir die Liebe zu Büchern weckte, weil er mir die Welt der literarischen Schöpfung enthüllte. Er half mir, jene zwei Jahre im Internat zu ertragen, mein Gefängnis leichter zu machen, mein erstes Gefängnis.

Ich floh zu Beginn des dritten Jahres, ich durchquerte den Sertão von Bahia in Richtung Sergipe, womit ich meine Universitäten begann.

ZÉLIA
GATTAI
ÜBER
JORGE
AMADO

GESCHICHTEN DES BAHIANERS

Die *Geschichten des Bahianers Jorge Amado* sind das Ergebnis der glücklichen und seltenen Kombination zwischen einer großen Persönlichkeit und dem befugtesten Reporter, der darüber schreiben könnte. Autorin von sechs erfolgreichen Büchern und mit einem wunderbaren Gedächtnis ausgestattet, ist Zélia Gattai, 75, seit 46 Jahren mit Jorge Amado, dem in der ganzen Welt am meisten gelesenen brasilianischen Schriftsteller, verheiratet. In diesem langen Zusammenleben war Zélia auch eine einzigartige Hilfe für ihren Mann, denn sie hat die Originale seiner Bücher durchgesehen und ins Reine geschrieben. Sie sah also, wie einige der berühmtesten Figuren der brasilianischen Literatur dieses Jahrhunderts geboren wurden. »Ich könnte viele Bücher mit den Geschichten um Jorge schreiben«, sagt sie. »Ich schreibe sie nur deshalb nicht, damit man nicht glaubt, die einzige Sache, die ich in diesem Leben tue, sei, mich meines Mannes zu rühmen.« Gründe, sich ihres Mannes zu rühmen, fehlen Zélia Gattai in der Tat nicht. Jorge Amado schrieb 29 Bücher, in der ganzen Welt veröffentlicht, mit Auflagenhöhen von Millionen von Exemplaren. Sein am meisten verkauftes Buch, *Herren des Strandes*, erreichte bis heute 1,9 Millionen Exemplare. Am Vorabend seines achtzigsten Geburtstages bereitet er zwei weitere Bücher vor: *Boris, der Rote* und *Küstenschiffahrt.* In dem Text erzählt Zélia Gattai einige der Geschichten, die sie über diesen außerordentlichen Bahianer bewahrt hat.

Nach langer Abwesenheit, mehr als einem Jahr, kehren wir nach Brasilien zurück. Wir kommen nach Bahia, Jorge und ich, im Handgepäck *Boris, der Rote*. Zur Stunde des Abflugs auf dem Flughafen Charles de Gaulle in Paris beschwerte sich *Boris* – auf dem besten Wege, geboren zu werden – nicht einmal über die Schlagzeile einer brasilianischen Zeitschrift, die mir zufällig in die Hände fiel und mich verblüffte, er fand es sicherlich sogar witzig: »*Boris* ist in den Abfall geworfen worden.« Wie ich schon sagte, er beschwerte sich nicht, lächelte nur und zeigte seine Anwesenheit, indem er leise einen recht bahianischen Ausdruck wiederholte: »Wie bitte, ich!«

Es wäre eine lange, mühsame und vor allem anmaßende Aufgabe, hier die vollkommene Aufstellung der Ehrungen und Würdigungen anzuführen, die Jorge zuteil geworden sind, ebenso wie die der kulturellen Verpflichtungen, an denen er in der Zeit beteiligt war, da wir uns im Ausland aufhielten. Ich möchte nicht, daß man denkt, ich sei hier, um mich meines Mannes zu rühmen. Deshalb beschränke ich mich auf die wichtigsten.

In 48 Sprachen übersetzt, ist das Werk Jorge Amados in 52 Ländern verbreitet, ohne die der portugiesischen Sprache mitzuzählen. Jeden Tag wird eines seiner Bücher in irgendeinem Teil der Erde publiziert. Eben erst, vor wenigen Monaten, kam in Frankreich beim Verlag Gallimard das Buch *Jorge Amado – Gespräche mit Alice Raillard* heraus, das großes Interesse weckt. ›Jorge Amado im ganzen‹, schrieb der Kritiker Dominique Fernandez im *Nouvel Observateur*.

In dieser Zeit fern von Brasilien sind wir überall in der Welt herumgereist: Frankreich, Spanien, Italien – allein in Italien sind wir viermal gewesen –, Portugal, Vereinigte Staaten, Porto Rico. Wir sind im Inneren Frankreichs herumgefahren, St.Malo, Mont Saint Michel, Cannes, Avoriaz. Wir waren in Monaco, auf Martinique und in Guadalupe, in der Karibik und auf der Insel Reunion, im Indischen Ozean. Reine Vergnügungsreisen führten nach der Tschechoslowakei, nach

Deutschland und Luxemburg. Alle anderen unternahmen wir, um Verpflichtungen nachzukommen. Jorge nahm an verschiedenen Vorlesungen, Seminaren und Symposien teil.

Im Oktober 1990 erhielt Jorge in Paris für die Gesamtheit seines literarischen Werkes den Weltpreis Cina del Duca, einen der wichtigsten in Europa, vergeben von der angesehensten Jury, deren Vorsitzender der Schriftsteller Maurice Druon ist, Generalsekretär der Académie Française. In Volterra, einer märchenhaften etruskischen Stadt, bekam Jorge den Etruria-Preis für die italienische Übersetzung des Romans *Das Verschwinden der heiligen Barbara*. Dort eröffnete er auch eine Ausstellung über Bahia, von Patrizia Giancotti organisiert, mit Fotos, der Projektion von Slides und brasilianischer Musik.

Im Palazzo Reale in Palermo war der Internationale Mittelmeerpreis an der Reihe. Der nationale Preis wurde dem italienischen Schriftsteller Alberto Bevilacqua zuerkannt. Auf Sizilien fanden wir ein bißchen von Brasilien, in der Begeisterung, in der Herzlichkeit und, vor allem, in der Desorganisation des Verkehrs. Da wir wußten, daß wir von unserem Hotel bis zum Palazzo eine gute halbe Stunde

Fahrt hatten, bemühten wir uns am Tag der Zeremonie der Preisverleihung, uns beizeiten auf den Weg zu machen, eine Stunde vorher, nicht eine halbe. Jorge findet es entsetzlich, zu Verpflichtungen zu spät zu kommen – und darüber hätte ich Material für ein ganzes Kapitel eines Buches. Wir fuhren in einem Wagen der Präfektur los, gefolgt von unseren Freunden Renzo und Rean Mazzoni, italienische Verleger, im Herzen Brasilianer. Das Zentrum der Stadt war zu dieser Stunde absolut blokkiert, ein Meer stehender Wagen, und alle Welt hupte. Die Zeit verging rasch, und wir sahen keine Möglichkeit, aus dieser Verstopfung herauszukommen. Angesichts der chaotischen Situation berieten unsere Freunde und entschieden, ›einen Trick anzuwenden‹, auf recht brasilianische Art: eingeschaltete Scheinwerfer, tobende Hupe, drangen wir in die Gegenrichtung ein, auf dem für Taxis und Busse reservierten Streifen, mit Vollgas, in Schlängelfahrt, schrille Töne hervorbringend, in der Art: wer bei Verstand ist, möge sich davonmachen, aus dem Wege gehen. Selbst indem wir unsere Leben riskierten, kamen wir zu spät zu den Feierlichkeiten. Der Bischof, der ebenfalls geehrt werden sollte, hatte seine Goldmedaille bereits erhalten und war sogar schon weggegangen. Der Präfekt der Stadt verpaßte uns im größten Überschwang, voller Gutmütigkeit eine vergnügliche Zigarre wegen der Verspätung, bevor er seine Lobesrede zur Überreichung des Preises begann.

Während unseres Aufenthaltes außerhalb Brasiliens war Jorge Gutachter für verschiedene literarische Preise, gehörte der Jury dreier Filmfestivals an, darunter das von Cannes, von Frankreichs Kulturminister, Jack Lang, eingeladen. Er erhielt die Ehrendoktorwürde der Universität Bari. 1990 wurden in Europa mehrere Fernsehprogramme ausgestrahlt, die sich mit Jorge befaßten. In Paris zum Beispiel gab es eine Ehrung im *Etoile Palace*, Programm Frédéric Mitterands auf Antenne 2 unter Anwesenheit von brasilianischen Künstlern und Persönlichkeiten: Grande Otelo, Bethy Faria, Norma Benguel, Florinda Bolkan, Sônia Braga – die direkt von Los Angeles kam –, Gilberto Gil, Ivo Pitangui, Cícero Dias, Oscar Niemeyer, mit dem Sinfonie-Orchester, das Musik von Villa-Lobos spielte.

Zwischen dem Hin und Her ist Paris unser Ankerplatz, wo wir ein Quartier in Marais haben. In unserem kleinen Appartement mit Blick auf die Seine und auf Notre Dame schreibt Jorge gegenwärtig den Roman *Boris, der Rote*. Seit 46 Jahren erlebe ich die Geburt der Personen seiner Geschichten. Das erste im Zusammenleben mit mir geschriebene Buch war *Die Auswanderer von São Francisco*, 1946. Damals war Jorge Bundesabgeordneter der Kommunistischen Partei. Das Parlament tagte in Rio de Janeiro, und wir wohnten an einem Ort voller Apfelsinenbäume zwischen São João do Meriti und Caxias. Ein Ort schwierigen Zugangs und ohne Telefon. Jorge verfügte über den ganzen Vormittag zum Arbeiten, in einer ruhigen Umgebung, da die Sitzungen der Kammer, bei denen er niemals fehlte, nur nachmittags stattfanden.

Außer der Apfelsinenpflanzung züchteten wir Hühner, Enten, Stockenten, Gänse, Fasane, Vögel aller Rassen, die Jorge einen nach dem anderen in einem Spezialhaus in der Rua da Assembléia kaufte, wenn er von der Kammer zurückkam, auf dem Wege zur Praça Mauá, von wo aus der Omnibus nach Caxias fuhr. Entsprechend seiner Denkweise, als Anhänger der Rassenmischung – ›die einzige Möglichkeit, mit dem Rassismus Schluß zu machen, ist die Mischung des Blutes und der Rassen‹ –, vereinte Jorge das Geflügel in einem großen Gehege, um es ihnen zu überlassen, sich frei zu kreuzen, wie sie wollten oder es verstanden.

Matrose auf der ersten Reise, bekümmerte es mich mitunter, wenn ich sah, wie Jorge seine Arbeit unterbrach, um stundenlang selbstvergessen im Hühnerstall zu hocken und die Bewegung im Vogelkäfig zu beobachten. Alle Vögel waren mit Namen von Romanfiguren getauft. Es fiel mir schwer zu verstehen, daß er, selbst fern von der Schreibmaschine, weiterarbeitete, die Probleme des Buches löste, während er den Brüdern Karamasow, Stockenten aus Rouen, zusah, die um die Gunst von Rosa Palmeirão buhlten, eines weißen Entchens, oder die verzweifelte Verfolgung Antonio Balduinos, eines riesigen Enterichs, liebestoll, verknallt in die Gans Lívia, die, ihrem Ehemann Guma treu, den Eroberer mit der größten Verachtung abwies. Eines Tages sprach ich mit Lalu, Jorges Mutter, über meine Besorgnis. Sie lachte: »So ist Jorge eben. In den Zeiten, in denen es dich nicht gab, als wir in Vila Isabel wohnten, unterbrach er auch manchmal die Arbeit, um im Garten herumzuhocken, das Kommen und Gehen der Ameisen beobachtend, die in dem Ameisenhaufen verschwanden und aus ihm herauskamen.«

Ich lernte etwas Grundsätzliches bei dieser meiner ersten Erfahrung als Frau eines Schriftstellers: sich nicht einmischen, vor allem nicht versuchen, Einfluß auf die Geschichte zu nehmen, die gerade geschrieben wird. Ich lernte es unter großen Qualen. In diesem Roman, *Die Auswanderer von São Francisco*, versuchte ich, ein Leben zu retten, das Leben von Noca, der kleinen Auswanderin, die mich von Anfang an gefangennahm. Es gelang mir nicht. Noca starb, und ich weinte. Ich fand, daß Jorge die Macht gehabt hatte, sie zu verschonen. War nicht er Herr der Geschichte? Erst nachdem das Buch fertig war, überzeugte ich mich, daß Noca ihr Schicksal erfüllt hatte.

Daß ich mich niemals mehr einmischte, werde ich nicht sagen. Ich will nicht lügen. Ich versuchte eines Tages, Jorge zu überzeugen, als er *Gabriela* schrieb, Mundinho Falcão mit Gerusa zu verheiraten. Nichts erreicht. Totaler Mißerfolg. Sie haben nicht geheiratet.

Ein andermal, als er *Tereza Batista* schrieb, versuchte ich es wieder: Gleich am Anfang der Geschichte gerät Tereza in eine Schlägerei, erhält einen Faustschlag auf den Mund und verliert einen Vorderzahn. Sie ging zum Zahnarzt, der ihr anstelle des verlorenen Zahnes einen anderen, aus Gold, einsetzt. Da sprang ich in Verteidigung des Mädchens auf: »Mach nicht so etwas, bitte, Jorge. Wie soll Tereza, so hübsch, mit diesem ungeheuren Zahn aus glänzendem Gold durch den ganzen Roman gehen? Jedesmal, wenn sie lacht, wird es traurig sein ...«

Jorge amüsierte sich:

»Ihr gefällt es, einen Goldzahn zu haben. Sie hat selbst darum gebeten.«

Ich fand mich nicht damit ab, ich bestand darauf, wenn dieser Goldzahn abgeschafft würde, würde ich das Buch nicht mehr stören, ganz im Gegenteil ... Jorge blieb unnachgiebig, aber ich fing wieder davon an:

»Wenn es Tereza gefällt, einen Goldzahn zu haben, wie du behauptest, warum setzt du ihn dann nicht an die Seite, an eine weniger auffällige Stelle?«

Zum ersten und einzigen Male berücksichtigte Jorge meine Bitte, indem er den Zahn des jungen Mädchens an die Seite verschob. Tereza Batista verdankt mir diese Gefälligkeit.

Es ist immer so: Die Figuren sind in unserem Haus, als wären sie lebende Personen. Als Jorge *Dona Flor und ihre beiden Ehemänner* schrieb, gab es einen entscheidenden Moment: Dona Flor mußte sich entschließen, ob sie mit dem ersten Ehemann zusammenbliebe oder mit dem zweiten. Jorge war sehr damit beschäftigt. »Ich glaube, daß sie es nicht schaffen wird«, sagte er zu mir. »Dona Flor ist eine sehr ehrbare Frau, sehr konservativ, und wenn sie mit einem Mann schlafen muß und den anderen verraten, kommt sie um.« In dieser Nacht schlief Jorge sehr schlecht und erwachte plötzlich im Morgengrauen. Er sprang aus dem Bett und ging direkt an die Schreibmaschine. Am nächsten Tag, als ich erwachte, hatte sie den Knoten der Geschichte gelöst. Er war sehr überrascht über das Betragen Dona Flors. »Diese deine Freundin ist wirklich unverschämt«, bemerkte er. »Weißt du, was passiert ist? Sie hat mit Vadinho geschlafen und danach mit dem anderen. Und sie fand das sehr gut.«

Was mit Dona Flor geschah, ist ein in Jorges Büchern sehr übliches Phänomen. An einem bestimmten Punkt der Geschichte gewinnen die Figuren ein eigenes Leben und entfliehen seiner Kontrolle. Schließlich ist Jorge selbst überrascht, was mit ihnen geschieht.

Seit vielen Jahren schreibt Jorge nicht mehr im Haus in Rio Vermelho. Er sucht einen unbekannten Winkel, wo er in Frieden arbeiten kann. Und warum sich nicht in seinem eigenen Hause isolieren, wie alle das tun? Seine Bibliothek ist geräumig, es gibt ein Arbeitszimmer hinten im Garten, mit Blick auf das Meer. Aber er erträgt es nicht, in der Bibliothek oder im Arbeitszimmer zu arbeiten, es gefällt ihm nicht, isoliert zu sein. In Ruhe, ja; isoliert, nein. Sein Lieblingsfleck, wo er gern sitzt, ist der Hauptraum des Hauses, jedwedes Hauses, in dem er bereit ist zu arbeiten. Ein weiter Raum, ein großer Tisch, vorzugsweise der Eßtisch, er belegt einen guten Teil davon mit der Schreibmaschine und dem Papierkram. Er mag es, ein Telefon in Reichweite zu haben. Ein Telefon, das er benutzen kann, aber auf dem er nicht angerufen wird. Er will sich auf das Buch konzentrieren, gleichzeitig aber das Getriebe im Hause begleiten können, auf dem Laufenden sein über das, was drinnen und draußen geschieht, ob jemand anruft oder ob niemand anruft. Wenn ein Besucher vor der Tür steht, will er wissen, wer gekommen ist. Es betrübt ihn, wenn es jemand ist, den er schätzt, oder ein Unbekannter, der seine Hilfe möchte. Es gehört nicht zu seiner Natur, ausrichten zu lassen, daß er nicht da ist oder daß er ihn nicht empfangen kann.

Das mag er nicht, er tut sich Gewalt an, wenn er sich um jemanden, der ihn aufsucht, nicht kümmert. Er kümmert sich sogar, wenn das seiner Arbeit schadet, ihm den Handlungsfaden abschneidet. Das ist nicht seine Art, und fertig! Er empfängt Gott und die Welt, wenn er verspricht – und hält – etwas zu tun, die unterschiedlichsten Dinge, Dinge, die ihm nichts sagen, die ihm nichts bringen, aber die ihn mit seinem Gewissen in Frieden leben lassen. Deshalb, um sich das Schreiben zu ermöglichen, wechselt er die Adressen, in Brasilien und im Ausland, da, wo es kein Telefon gibt – oder eins, auf dem er nicht angerufen wird –, wo niemand für ihn auftaucht. Es kam mitunter vor, daß er während der Zeit, in der er ein Buch schrieb, mehrere Male umziehen mußte.

Bei gewisser Gelegenheit, als wir auf der Suche nach einem Ort zum Arbeiten waren, bekam Jorge die Einladung eines Freundes, eines Fazendeiros in Cristalina. Auf seiner Fazenda, dort am Ende der Welt, würde der Schriftsteller den ersehnten Frieden haben. Der gebotenen Vorteile waren so viele und sein Wille, sich an die Maschine zu setzen, war so groß, das Buch gereift, Gabriela, das Schätzchen, im Begriff, geboren zu werden –

so wie es jetzt Boris ist –, daß wir zufrieden das Angebot annahmen und mit Waffen und Gepäck eine Reise von vielen Autostunden auf einer Straße voller Löcher und Dreck zur Farm unseres Freundes Vasco antraten.

Es gab keinen Zweifel, das Haus war wirklich komfortabel, der Ort hübsch, die Straße war das schon genannte Elend, schwer zugänglich, imstande, den kühnsten Besucher zu entmutigen, alles angemessen, in Übereinstimmung mit den gelieferten Informationen.

Aber – wie meine Mutter, Dona Angelina sagen würde – ›die Freude des Armen ist kurz‹, gleich am dritten Tag nach unserer Ankunft, als Jorge sich schon an einem schönen Tisch eingerichtet hatte, groß, seinem Geschmack entsprechend, die tragbare Schreibmaschine geöffnet, hart, wie es ihm gefällt, und er begeistert, mit zwei Fingern tippend, wie üblich, da hörten wir einen Lärm, der anwuchs. Es war das Brummen eines Flugzeuges, das sich näherte, nicht mehr, nicht weniger. Da war es, ein einmotoriges Flugzeug, auf einer Piste der Fazenda landend, von deren Existenz wir nichts ahnten.

Aus dem Flugzeug sprangen Leute, die aus Goiás kamen, um an einem Spießbratenessen teilzunehmen und das Wochenende auf der

Fazenda zu verbringen. Niemand stellt sich vor, daß für einen Schriftsteller mitten in der Arbeit kein Wochenende existiert. Das kleine Flugzeug betätigte sich weiter als Zubringer zwischen verschiedenen Flecken in Goiás und der Fazenda, neue Gäste kamen an ...

Von dem Braten am Spieß, der sich über mehrere Tage hinzog, bewahren wir noch den Geschmack im Munde, das köstlichste Fleisch! Erstklassiges Fleisch, begleitet von viel Getränken und viel Lachen, herrlich!

Wir kehrten über die gleiche durchlöcherte Straße in Richtung Goiânia, unserem Ausgangspunkt, zurück, die Schreibmaschine geschlossen, Gabriela beschwerte sich in allen Tonarten. Schließlich wurde Gabriela zwischen Rio de Janeiro und Petrópolis geboren, im nach Abschluß der Spielsaison kalten und verwaisten Hotel Quitandinha.

Jorge wacht immer sehr früh auf. Selten schreibt er im Morgengrauen. Das passiert nur, wenn das Buch zu sehr im Schwung ist. Dann ja, da wacht er mitten in der Nacht auf und geht an die Maschine, um zu schreiben. Boris hat diesen Punkt noch nicht erreicht, obwohl er mit viel Begeisterung schreibt. Manchmal ist Jorge sehr beunruhigt über den Rhythmus der Arbeit am Buch, die Gedanken fern. Glücklicherweise hat er vor dreißig Jahren aufgehört zu rauchen. Bis zu dieser Zeit rauchte er viel, wenn er schrieb. Es kam vor, daß er fünf Päckchen am Tage verbrauchte. Er tippt immer mit zwei Fingern. Er schlägt sehr stark auf, und die Maschine erträgt seine Schläge gut. Oft sind die Finger am Ende eines Buches aufgeschürft und brauchen den Schutz eines Pflasters, damit sie nicht bluten.

Nur zwei Bücher sind von Anfang bis Ende in unserem Haus in Rio Vermelho geschrieben worden: *Dona Flor und ihre beiden Ehemänner* und *Tereza Batista*. Dieses letztere wurde im Kiosk geschrieben – so nennen wir das Arbeitszimmer hinten im Garten – bei unserer Rückkehr aus den Vereinigten Staaten, 1971, wo wir fast ein Jahr geblieben sind. In diesem Jahr, kurz nach unserer Rückkehr, starb Lalu, Jorges Mutter. Seinen Gewohnheiten entgegen, sperrte sich Jorge im Kiosk ein und, isoliert, ohne noch irgend etwas wissen zu wollen, schrieb er *Tereza Batista*.

Das gleiche geschah nicht mit *Werkstatt der Wunder*. Wir wechselten nach dem Ort Nair und Genaro de Carvalho, auf der alten Estrada do Aeroporto, und dort blieben wir einige Monate. In dem Landhaus von Genaro gab es kein Telefon, aber selbst so empfing Jorge einige Besuche, einige Bitten um Interviews. Eins gewährte er Clarice Lispector, aber diese brachte nichts durcheinander, es war nur ein Vergnügen.

Wer mehr unter der Geburt litt, war *Tieta aus Agreste*, sie sprang von Ast zu Ast, lief von Pontius zu Pilatus. Jorge dachte, er könnte noch einmal im Arbeitszimmer arbeiten, aber es gelang ihm nicht. Da gingen wir ins Landhaus von Dmeval Chaves, in Boca do Rio. Aber Boca do Rio lag zu nahe an der Stadt, war leicht zu erreichen, es wurde nichts. Schließlich nahmen wir die Einladung von Lygia und Zitelman de Oliva an, wir zogen auf den Fleck, der ihnen in Buraquinho gehörte, wo wir nicht lange blieben. Das Besitztum lag am Wege zum Strand, und daran hatten wir nicht gedacht.

Mit den ersten Seiten des Romans im Handgepäck gingen wir nach London. In dem Gebäude, wo Zora und Antonio Olinto wohnten, gab es ein Appartement in dem gewünschten Ausmaß, eine Nachbarin würde auf Reisen gehen und wollte es für einige Monate vermieten.

Das Appartement war möbliert, mit allem darin, die Miete ziemlich vernünftig. Es wäre beinahe angenehm gewesen, wären nicht überall die bunten Gardinen, auffällige Kronleuchter und Nippsachen gewesen. Aber lassen wir das!, für das, was wir brauchten, war es sogar sehr gut. Ohne von dem Vorteil der Nachbarschaft der Olintos, lieben Freunden, zu sprechen.

Alles ging sehr gut, Jorge arbeitete mit Begeisterung, und ich tippte, wie immer, die Originale des Buches auf der Maschine. Eines schönen Tages hörten wir plötzlich das Geräusch eines Schlüssels in der Tür, sie öffnete sich, und eine blonde Dame, noch jung, drang unerwartet in den Raum ein. Ohne guten Tag, noch guten Abend zu sagen, fiel sie in das Haus ein, ging direkt in ein Zimmer, öffnete die Schränke … Wir kannten die Eigentümerin des Appartements nicht, die vor unserer Ankunft abgereist war. Der Ungezwungenheit nach konnte es nur sie sein. Oder sollte es eine Diebin sein? Niemals erfuhren wir es. Schließlich und endlich versuchte ich, während Jorge mit Zora telefonierte und ihr berichtete, was sich abspielte, die Frau zu überwachen, die gleichgültig blieb, meine Anwesenheit ignorierte. Sie füllte einen Koffer, ergriff einige Dokumente und, ohne sich zu entschuldigen, verschwand sie, wie sie gekommen war.

Die Besucherin war, stellten wir fest, die verrückte Senhora, die sich im Recht glaubte, ein Appartement, das sie vermietet hatte und dessen Miete sie im voraus erhielt, zu betreten und zu verlassen. Wir würden uns keinen neuen Überraschungen unterwerfen: Wenn sie plötzlich mit einem Liebhaber erschiene und beschlösse, das Ehebett zu benutzen? Zur gleichen Stunde gingen wir auf die Suche nach einem anderen ruhigen Ort. Durch eine Immobilienagentur gelang es uns, ein kleines möbliertes Appartement, neu, in der Georges Street zu mieten, und wir zogen um. Mit dem fertigen Buch kehrten wir nach Brasilien zurück.

Es kam die Reihe an *Das Nachthemd und die Akademie*. Wir kauften ein Grundstück in Pedra do Sal neben dem Haus unserer Freunde Altamir Galimberti und Carlos Bastos, wir bauten ein Fertighaus, aus Fiber und Glas. Der Ort war verlassen, fern aller Verbindung, die Nachbarn bezaubernd.

Es war in Pedra do Sal, wo Jorge *Das Nachthemd und die Akademie* schrieb, anfangs in Ruhe, in heiterer Umgebung. Vinícius de Morais wohnte dort in der Nähe, er pflegte am Ende des Nachmittags vorbeizukommen, auf seinem Fahrrad. Er erschien im allgemeinen, wenn Jorge schon seine Schreibmaschine zugeklappt hatte, für den ›Sonnenuntergang‹, wie man in Cabo Verde sagt, die Stunde des Drinks am Ende des Nachmittags, von belanglosen Gesprächen begleitet. Auch Auta Rosa und Calasans Neto, die in Itapoã wohnten, beinahe Nachbarn, erschienen, und da war das Fest komplett, endloses Gelächter bei den unbezahlbaren Geschichten Meister Calás. Ich komme auf Dona Angelina, meine Mutter, und ihr weises Sprichwort zurück: ›Freude des Armen dauert nicht lange.‹ Also nein, beschloß nicht ein Reiseunternehmen, unser Haus in Pedra do Sal in seine Führung einzubeziehen? Nun, es war so. Und da war es aus! Zu Ende war, was lieblich gewesen war. Zweimal am Tag hielt an unserer Tür ein riesiger Omnibus, übervoll. Die Touristen, nationale und ausländische, hörten die Rede des Reiseführers über das Leben des Schriftstellers, stiegen aus, umrundeten das Haus und drangen einige Male bis in den Garten vor.

Es war bei dieser Gelegenheit, daß Jorge mir zum ersten Mal von *Boris, der Rote* erzählte. Die Geschichte dieses Jungen setzte sich in seiner Phantasie fest, sie mußte nur noch reifen. Manchmal lebt die Idee des Buches jahrelang mit Jorge. Noch jetzt, während er die Geschichte von Boris schreibt, denkt Jorge über ein anderes Projekt nach: *Küstenschiffahrt*, ein neuer Plan, der droht, sich über Boris hinwegzusetzen.

1984 wohnte unsere Tochter Paloma in Maranhão:

»Komm hierher, um die Geschichte von Boris zu schreiben, Vater. Das Haus ist groß, niemand wird dich stören. Komm!«

Wir fuhren nach São Luís, Jorge in dem Glauben, dort die Geschichte zu schreiben, die er schon für reif hielt. Im Hause Palomas waren die Bedingungen nicht gegeben, das sahen wir gleich beim Kommen der lokalen Presse, des Fernsehens usw. Glücklicherweise wohnte unser Freund Eduardo Lago nebenan, und in sein Haus gingen wir alle Tage, gleich nach dem Sonnenaufgang, und dort blieben wir bis zur Stunde des Mittagessens. Von Boris wurde nur ein Kapitel geschrieben, Jorge war sich bald klar, daß die Geschichte nicht reif genug war und ging sofort zu *Tocaia Grande* über, einer Geschichte, an die er seit langem dachte. Hauptmann Natário war nicht der Mann, Beleidigungen hinzunehmen. Er setzte sich durch, hatte es eilig … Was für eine Möglichkeit? Jorge hatte gar keinen anderen Ausweg, als dem tapferen Kerl zu gehorchen. So legte er Boris auf Eis und begann, *Tocaia Grande* zu schreiben. Er fing nur an, denn die Menge von Freunden und Lesern machte die Arbeit unmöglich. Wir kehrten nach Bahia zurück. In Itapoã, im kürzlich erbauten Haus unseres Sohnes João Jorge – der damals kein Telefon hatte –, fing Jorge recht bald an zu schreiben. Das Buch wurde erst in Petrópolis abgeschlossen, auf dem Wohnsitz unseres Verlegers und Freundes Alfredo Machado, wo wir mehrere Monate lang versteckt blieben.

1988 blieb der junge Boris weiterhin eines der Romanprojekte im Kopf des Schriftstellers. Sicherlich würde er einmal an die Reihe kommen.

In Paris setzte sich Jorge hin, um ihn zu schreiben, endlich den Roman zu beginnen, der ihn seit so vielen Jahren verführte. War Boris noch nicht an dem Punkt, oder gab es eine andere Geschichte, die seine Schritte durchkreuzte? Und ob es sie gab! Eine ernsthafte Konkurrentin, Yansã, oder auch die heilige Barbara: *Das Verschwinden der heiligen Barbara*, ein zwanzig Jahre zuvor unter dem Titel *Der Krieg der Heiligen* angekündigtes Buch, da war es und setzte sich durch.

Jetzt, in Paris, zwischen der einen und der

anderen Reise, tausend Verpflichtungen gerecht werdend, hat Jorge sein Leben organisiert, sich eine Disziplin auferlegt, indem er sehr früh aufsteht und den ganzen Vormittag ohne Pause arbeitet. Wir leben in ruhiger Routine. Ich koche für ihn, bereite eine recht leichte und nahrhafte Mahlzeit vor, mit frischen Salaten. Er ißt immer einen großen Salat zu Mittag, mit gebratenem Hähnchen oder einer anderen Art Geflügel oder Fisch. Seine Nahrung besteht aus viel Obst und Käse, weiß und mager.

Nach der Arbeit am Vormittag und dem Mittagessen tut ihm eine Stunde Ruhe gut. Besser noch die Gänge durch das Viertel, an den Ufern der Seine, unserem Haus gegenüber, bei den Bouquinisten stöbernd, ein Schwätzchen mit den Händlern des Viertels, seinen Freunden, führend: dem ›Gärtner der Früchte‹, Monsieur Romeau; dem ›Veredler des Käses‹, Monsieur Péron; die Zeitungsverkäufer der Kioske in der Rue St. Antoine, deren Kunde er ist – er kauft jeden Tag in einem anderen Kiosk –; Françoise, die benachbarte Friseuse, die in den Pausen zwischen einem Kunden und dem nächsten Romane liest; der gelehrte Jude, der Besitzer des Kramladens, der samstags schließt, aber an

Sonntagen geöffnet bleibt; Dona Tereza, die in Wirklichkeit Madame Hughette heißt, aus Ville de Torino. Das sind fröhliche Gänge, voller Sympathie, die ihn ablenken, während er im Kopf Probleme des Buches löst.

Vinícius haben wir nicht mehr für den ›Sonnenuntergang‹. In Paris ist es Georges Moustaki, der gegen Abend erscheint, mit dem Fahrrad oder dem Motorrad, zur Suppe und einem Schwatz. Moustaki wohnt auf der Île St. Louis, mitten in der Seine. Von unserem Fenster aus können wir ihn in seinem Appartement sehen.

Außer den Angehörigen, Paloma, Pedro und den Mädchen, außer Any Claude Basset, teilen hin und wieder unsere Suppe: Georges Raillard, der Dichter Francis Combe, der Journalist Napoleão Sabóia, Korrespondent von *O Estado de S. Paulo*. Doch vor unserer Tür steht niemand, ohne sich anzukündigen. Es ist nicht üblich hier, im Gegensatz zu dem, was sich in Brasilien abspielt.

Endlich ist Boris an der Reihe. Jorge hat begonnen, seine Abenteuer aufzuschreiben, aber der Ton gefällt ihm nicht, etwas, was mitunter vorkommt beim Beginn eines Buches. Er hat die ersten geschriebenen Seiten weggelegt und neu begonnen. »Vielleicht wird er jetzt auftauchen«, sagte er zu mir, als wir von den Antillen zurückkamen, wo er das Romanprojekt neu formulierte.

Boris und seine Statisten fühlen sich schon verbürgt, breiten sich zufrieden über den Papierblättern aus. Ein zurückhaltender Junge, verständnisvoll, beschwerte er sich nicht, noch drängte er sich auf, er wartet geduldig, bis er an der Reihe ist, ist einverstanden mit dem Vorrang der Rede, die Jorge Amado verfaßt, um seinen Freund, unsern Compadre Dias Gomes, in der Academia Brasileira de Letras zu empfangen. Allem Anschein nach ist *Boris, der Rote* ein guter Soldat.

Warnung an die Seefahrer: Gib acht, Boris, vertraue nicht zu sehr, laß nicht zu, daß irgendeine *Küstenschiffahrt* dich von neuem aus dem Gleichgewicht bringt. Der Rat kommt von einem Freund.